JN410972

백비가 일어서는 날

국립중앙도서관 출판예정도서목록(CIP)

백비가 일어서는 날 / 지은이: 김순선. -- 서울 : 들꽃, 2018
p. ; cm. -- (들꽃시선 ; 138)

ISBN 978-89-6143-205-4 03810 : ₩8000

한국 현대시[韓國現代詩]

811.7-KDC6
895.715-DDC23 CIP2018034927

인지
생략

들꽃시선 138
백비가 일어서는 날

지은이/김순선
펴낸이/문창길
초판인쇄/2018년 11월 05일
초판펴냄/2018년 11월 10일
펴낸곳/도서출판 들꽃
주 소/04623 서울 중구 서애로 27(필동3가) 서울캐피탈빌딩 B202호
전 화/02)2267-6833, 2273-1506
팩 스/02)2268-7067
출판등록/제2-0313호
E-mail:dlkot108@hanmail.net

값 8,000원
*파본된 책은 바꾸어 드립니다.

ISBN 978-89-6143-205-4 03810

■ 이 시집은 제주문화예술재단의 지원금으로 출판되었습니다.

들꽃시선 138

백비가 일어서는 날

김순선 시집

들꽃

| 자서 |

여름 내내 울울창창하다가
살아남기 위해
몸부림치다
떨어진 것들
떨어지는 순간에 모든 것을 내려놓은 듯
물 위에서 유유자적 한다
물의 흐름에 따라
파문 지는 대로 유람한다

2018년 가을 용연에서
김순선

| 백비가 일어서는 날 |

차례

제1부

제2부

제3부

제4부

제 1 부

백비가 일어서는 날

꽃잎 같은 함박눈
배추흰나비 되어
장문의 비문을 쓰듯
백비 위에 내려앉는다

오랜 기다림 끝에
잃어버린 기억
상실의 시간을
찬란한 햇발 같은 비문 새겨지는 순간
역사는 말 하리
진상규명과 명예회복을

심연에 얼어붙은 기억들이 깨어나고
관덕정 광장에 울려 퍼지던
그날의 함성으로
누워 있던 백비들이
일어서리

한라에서 백두까지
4 · 3 씨앗 태동하여
평화의 바람 불어오리라

믿을 수 없는 이야기

제주의 봄은
스멀스멀 아지랑이 피어오르듯
믿을 수 없는 이야기가
꽃으로 피어나는 섬
가슴속 깊은 무의식의 우물에서
4 · 3의 증언들이
샛노란 유채꽃으로
한라산의 철쭉으로
물 드는 섬

제주의 아름다운 경치에도
곳곳마다 피의 울부짖음이 묻어 있는 섬
소개 령이 내려져 마을이 불타고
중산간에 산다는 이유만으로
한라산으로 곶자왈로 도망가야만 했던
사람들

이쪽도 저쪽도 아닌 살기위해

몸을 숨겨야 했던
토벌대 총앞에 무참히 학살당한 억울한
중산간 마을 사람들
믿을 수 없는 이야기가
꽃으로 피어나는 섬

설마

제주전역에 소개령이 내렸다
중산간 마을을 통행하는 모든 사람들은
폭도다
무장대에 도움을 주지 못하도록
계획된 작전이었다

조를 수확하고 콩을 꺾어야 하는데
일 년 내내 땀 흘린 농사가 눈앞에
어른거리는데
차마, 해안으로 내려갈 수 없었다
어떻게 지은 농사인데
추운 겨울 농한기에 무얼 먹고 살라고

설마, 불 지를까?

불꽃이 춤을 춘다
노랑개, 검은 개들 예포소리에
의기양양한 불꽃

날름날름
초가집 삼키고
곡식을, 가축을, 삶의 터전을 깡그리
먹어버렸다

사그라지는 매캐한 연기만이
무심한 하늘 향해
두 손 모아
머리 푼다

산 증인 큰넓궤

언제 난리가 끝날지 알 수 없지만
며칠만 꼭꼭 숨어있으면
집으로 돌아갈 수 있겠지
오순도순 버티던 동광리 사람들

눈 녹인 물 먹으며 배고픔 달래보지만
한숨소리 점점 깊어지고
쉬이 새벽은 오지 않고
인심은 점점 야박하여지고

끝내, 토벌대에 추적당한
큰넓궤 사람들
토벌대 무차별 총탄 앞에
허망하게 쓰러졌다

햇빛 한 번 제대로 보지 못하고
허리 한 번 제대로 펴보지 못하고
캄캄한 동굴 속에서

무참히 매장 되었다
영원한 무덤 되었다

돌아갈 수 없는

산으로 피난 길 떠난 사람들
부당한 착취와 폭력이 싫어
굶주림에 지치면서도
평화를 갈망하던 사람들
살기위해, 산으로 길 떠났는데
산에도 길은 없어

길 없는 길 위에서
손가락이 기관총 되어버린
지옥놀음
너도 죽이고
나도 죽이는
서로 죽이는 틈바구니에서

진달래 보다 더 붉게
피로 물든 화산섬
돌아갈 수 없는 사람들
지울 수 없는 어두운 상처

노을 지는 슬픔 위로
까마귀들만
까악까악

분꽃 같은 삼촌들

옛날, 우리 집
통시로 가는 모퉁이에
분꽃나무 하나 있어
어둑한 저녁이면
가지가 미어지게 피어
통시길 훤하였다

해가 뜨면
어머니 거친 손가락 같은
굵은 마디 위에 입을 굳게 다물 듯
오므린 꽃잎
강열한 태양 앞에
가녀린 목 길게 내밀어
실핏줄 떨며
그늘에 숨어 피고 지는
분꽃 같은 삼촌들

분꽃같이 어우러져

잘 사는 사람도 없고 못사는 사람도 없는
돌담 위로 음식 나누어 먹으며
척박한 땅이라도 함께 수눌며
다 같이 잘 살아보고 싶었던 삼촌들

4 · 3 광풍에
핏빛 낭자하여
넋이 나가 말을 잃고
새까만 씨앗 같은 눈동자
주름지며
봄을 기다립니다

거기 있었네

증인, 수선화
너는 보았지 무자년 광풍을
정신 줄 놓지 않으려고 돌담에 기대어
가녀린 몸 사시나무 떨며 돌담구멍 사이로
너, 거기 있었네

이웃 마을 휩쓸고 건천 건너온
매서운 바람에 차일 때마다
신음소리 토해내듯
짙은 향기
담 넘어갈까 안으로 삼키며
유서 같은 증언을 기록하듯
둥글게, 둥글게 뿌리 키우며
너, 거기 있었네

적막한 골목길 마다
은밀하게 땅속으로 손 내밀어
목숨 걸고 돌담 옆에 숨어 있던

빈집을 지키던 수선화
무자년 광풍에도 모질게 살아남아
허물어진 현장 지키듯
여기저기
무더기로 피어있는
제주 비바리 같은 수선화

봉홧불

부슬부슬 비 오는 그믐밤에
소년은 가파른 오름을 오른다
바람에 떠밀리듯
대숲 궤(바위굴)에서 신음하는 삼촌을 생각하며
두 손 불끈 쥐고
무엇에 홀린 듯
오름을 오른다

헉헉 거리는 입안으로 빗물이 떨어지고
애기 울음소리 같은 바람은
점점 거세지고
뭔가 불쑥 나타날 것만 같은
집으로 돌아가고 싶어도
돌아갈 수 없는

떨리는 손으로
대나무 통에 담긴
기름에 젖은 솜에다 불꽃을 댄다

가슴이 뛴다

저, 멀리 다른 오름에서도 봉화가 깜빡 거린다
또 다른 봉화가
봉화가……

행불자

온 섬이 유채꽃으로 물들 때
술렁이는 꽃들에게 물었다
아직, 씨앗이었을 때 땅 속 소식을
꽃잎을 흔들다 돌아가는
바람에게도
바다 건너 소식을
다그쳐 본다

칠십 평생 기다려도
무자년 사월 길은 그리도 멀어
서늘한 그림자만 드리우는 시간
돌아오지 않는
돌아오지 못하는 사람들

어둑어둑 해가 넘어가면
골목에서 뛰놀던 아이들
어머니가 부르는 반가운 소리에
하나 두울

서둘러 집으로 돌아가듯

지금이라도 누가 내 이름을 불러준다면
찾아준다면
길을 물어물어 고향으로
애타게 기다리는 피붙이에게
돌아가지 아니할까
꽃잎 같은 정표 하나
건네지 아니할까

진실

정유년 청문회 현장에는
대통령을 보좌하는 훌륭하신 나라님들이
듣지도 못했습니다
보지도 못했습니다
알지도 못합니다
진실을 외면하는 모르는 사람들뿐입니다

무자년 제주 4·3 광풍이 불어닥친
함덕리 마을 청년들에게
폭도와 연락하고 식량을 제공했다고
총부리를 겨누는 토벌대 앞에서
청년들의 신원을 보증 할 테니 제발 죽이지만
말아달라고 만류하는 마을 이장까지
무참히 죽여버렸다

영원히 묻힐 것 같은 진실은
강산이 변해도
역사 앞에 떳떳하다

죽음은 끝이 아니다

한 알의 밀알

신촌리 주민들은 무조건
다 나와라!
호통소리에 너도나도 고무신 끌며 학교운동장으로 몰려온
신촌 주민들

바람 앞에 촛불
신촌리 사람들은 다 폭도다!
기관총 앞에서 사시나무 떨듯
한마디 변명도 꿀꺽 삼켜버린
초긴장 속에서

두 팔 벌려
기관총 앞에 딱 막아선 육지사람
나부터 죽여 놓고 이 사람들 죽이게
총을 든 순경들도 무장대에게 대항 못했는데
어찌 집에서 잠자던 주민들이 그 사람들을 대항할 수 있겠는가

통사정하는
서북청년으로 왔다가 순경이 된
지미둥이 순경

진정한 의인 한 사람 있어
신촌주민 여럿 살아났다네

죽을 각오로 목숨을 내려놓을 때
한 알 밀알 되었네
신촌리 은인
지미둥이 순경

삘기 꽃이 피었다

도두봉 무덤가에
하얀 삘기 꽃이 만발하다
만장기가 펄럭이듯 장엄하다

촛불 대통령 소식에
6월 볕이 따스하여
지상으로 귀를 열었다

행여,
4 · 3 영혼들 호명하여
반분 풀어줄까
작고 귀여운 아기삘기도
살랑살랑
손을 흔든다

6월 햇살에
촛불이 춤을 추듯
도두봉 무덤가에
삘기 꽃이 만발하다

산전 가는 길

산전 가는 답사길
산을 오를 때
눈밭을 걸어 올라가듯
사각사각
발목 스치던 난쟁이 조릿대가
지금은
가슴까지 차올라 어느 순간
일행을 숨겨 버렸다

그 옛날,
좇고 쫓기던 아찔한 긴장감 같은
등허리가 서늘해지는 고요 속에
발걸음은 점점 빨라지고
헉헉 거리는 숨소리만
숲의 고요를 흔들 때
서슬 푸른 조릿대 시시각각 사방으로 에워싸
가슴 조여 온다

푸른 눈에
햇살이 아찔하다

동참

1948년에
제주농업학교가 있던 곳을 찾았다
미군정과 제9연대, 제2연대 등이 주둔하며
수많은 도민들을 구금했던 곳

길도, 건물도 사라지고
답사 기록사진 카피본과 해설을 들으며
그 옛날
제주농업학교 운동장 자리에 섰다
현대식 건물과
주택들이
서둘러 기억을 매립한 곳
간절함이 사무쳐
굳게 입을 닫은 대지 위로
진혼의 바람 불어온다

나무 밑을 어슬렁거리던
고양이도

해설사 이야기에 귀 기울이고
흘러가던 구름도 길을 멈춘다

일장기가 내려지고
성조기가 나부끼던 하늘에
오늘은
4 · 3의 상처와 기억이 얼룩진
증언의 깃발
게양한다

알뜨르 비행장 가는 길

드넓은 벌판
초록 바다
푸른 잎사귀 흔들며
바다 건너오는 바람소리
저 멀리 우뚝 서있는 산방산
눈이 시리게 아름다운 풍경 속으로
가까이 다가서면
아름다움의 한 가운데
입을 벌리고 있는 격납고
원형경기장 같은 고사포 진지
삽과 곡괭이를 들었던 강제노동의 현장
일제 강점기의 아픈 흔적이
깊은 상처가 민낯으로 들어난다
그동안, 위장전술로 철따라 계절의 옷을 바꿔 입으며
상처를 가리고
애써 외면하듯 잊고 살았다
오늘은,
그 아름다움의 속살을 보여주고 싶은

호박꽃이
초롱 들고 길 인도 한다

폭도새끼

군인들은 하루아침에 마을을
잿더미로 만들어 버렸다

할머니는 성 쌓는 일에 동원되어 돌담 쌓다
돌무더기에 깔려 죽었고
어머니는 군인들 등쌀에
맞아 죽었다

말테우리 우리 아버지
산으로 피신했다고
폭도 되었다
나는 아버지 딸이라
폭도새끼 되었다

폭도새끼라고 손가락질 받아도
폭도가 되어버린 아버지가 보고 싶고
만나고 싶어
행여, 먼 산만 쳐다 보았다

빗발치는 총부리는
끝내,
새끼폭도 가슴에 명중하였다

누각에 오르면

가파르고 험한 낭떠러지 높은 언덕에
해안까지 한 눈에 내려다보이는
외적 침입을 방어하고
제주 읍성을 조망하던 제이각

누각 기둥에 기대서면
그 옛날 호시탐탐 외적을 직시하던
긴장의 눈초리도
그 늠름하던 모습도 사라지고
고적한 바람만
살갑게 놀다 간다

두 쪽 가리개 같은 칼호텔이
한라산을 가려 버리고
남수각이 내려다보이는 내리막길엔
간간이 지나가는 사람들이
풍경이 되어주는
소나무와 건물에 둘러싸인

도시 속 다락같은
아무도 찾지 않는 제이각에서

소슬바람 솔향에 한없이 물들 때
멀리서 들려오는 뱃고동 소리에
비행기, 자동차 소리마저
파도소리처럼 정겹게 밀려온다
제이각에서 내려다보는 건물 옥상엔
한가롭게 빨래가 나부끼고
호젓한 가을 하늘
마냥, 높고 눈이 부시다

제 2 부

삶을 위하여

클린하우스 지킴이 김 씨 아저씨는
그날그날 어둠을 먹고 산다
오늘도 클린하우스 돌담 위에
그림자처럼 앉아 있다
기다란 집게를 젓가락처럼 들고
저녁 시간을 보내고 있다
누군가의 그늘이 되고 싶은 김 씨 아저씨는
부풀어 오르는
젖은 빵을 위하여
분리수거함 뚜껑 열어놓고
나무 그림자처럼 어둠과 마주 앉아
어둠을 받아먹고 있다
개줄 같은 반원 그리며
저려오는 어개를 두드리다
흔들리는 가지 하나 쭈욱 찢어
질겅질겅 단물 짜다가
저녁 운동 하던 사람들
운동 끝내고 돌아갈 때쯤

김 씨 아저씨도 나무그림자에서 나와
거북한 옷 훌훌 벗어버리고
무료한 밥상 슬며시
치운다

리모델링

인도 따라 무료하게 걸어가는 길
멀리서 다가오는 동그란 간판
리 모 델 링
(집수리, 욕실, 거실, 베란다 리모델링합니다)

당신은 리모델링하고 싶지 않은가요?
솔깃한 속삭임
외부, 내부?
(얼굴, 몸매, 마음, 아무거나, 진부한 생각까지도……)

초점 잃은 눈이 안개 속을
헤맬 때
나에겐 누수가 시작 되었다
그럴듯한 위선을 앞세우며
낡은 창틀 안에서
골똘하였다

리모델링!
솔깃한 속삭임이
죽어가는 것 위에
새 생명을 덧입힐 수 있다면

그네의자

소공원에 들어서니 새소리 요란하다
축축한 나뭇잎 뒤지며 먹이 찾던 비둘기
자리 뜨고
겨자씨 같은 새들의 재잘거림을 경청한다

흔들의자 같은 주인 없는 그네는
쓸쓸히 공원을 지키고 있다
누가 버리고 갔는지
플라스틱 막걸리 병 두 개 서로 몸을 기대어
그네의자 앞에 누워 있다

간밤에, 서릿발 같은 싸락눈 소리 들렸는데
포장마차도 아닌
하늘지붕 아래서 시계추 같은 의자에 앉아
밤새 어둠의 강을 건넌 사람
풀리지 않는 구차한 삶의 그림자 끌고 왔다 슬며시
두고 간 이는 누구일까

세밑 추위 성긴 눈발 안주 삼아 자책하듯
벌컥벌컥 분노의 잔을 마셨을 것 같은
덧없는 세월로 빚은 깊이를 알 수 없는
어둠의 강 같은 막걸리
얼큰하게 마시곤
추위도 잊었으리라

바람에 실큰 쥐어 박히며
그네의자에 안아
흔들리고
흔들리고
흔들렸으리라

버려진 인형

의류수거함 옆에 큼지막한 곰인형 앉아 있다
갈색 털에 체크 리본을 얌전히 목에 매고
수거함에 기대어
밤새 술 마신 취객 두 다리 뻗고 앉아
졸고 있는 듯
지나가는 아이들 재미삼아 발로
툭툭 걷어찬다

한없이 미안한 듯 한쪽으로 점점 고개 숙인다
누가 버렸을까?
아직 버릴 만큼 낡지도 않았는데
한 때는 애지중지 애정을 듬뿍 받으며
누군가의 침대머리를 지켰을

외출도, 가출도 아닌
버려진 존재
시시각각 다가오는 우리의 미래 같은

거울 속 모습
자식이 부모를
부모가 자식을……

버리고
버려지는 시대를
걸어가야 할

고향을 잃어버린 사람

고향이 있으면서도
고향이 없는 사람
고향에 살면서도
모든 게 낯설어

서쪽을 향해 달려가도
동쪽을 향해 길 떠나도
산도 바다도 이국 땅
나는 관광객

고향에 있으면서도 고향은 아득하여
구름이 지나가면 옛 소식을 묻고
바람이 불면 귀를 여는
나는 작은 연못에
부평초

내가 설 자리

꿩 한 마리 높은 돌담 위에 서서
주위를 살피고 있다

흙 진주 같은 버찌 사방에 흩어져
더러는 풀숲에서
초롱초롱 반짝이고
더러는 나무 밑에서
또록또록 눈알 굴릴 때
더러는 길가에
무참히 짓이겨져 있다

오고가는 사람들
무심한 발자국에
검붉은 피
낭자하다

차라리, 새 밥이 될 수 있다면

도두봉 오르는 사람들

새해 아침이 정오를 향할 때
바다 바라보며 둘레 돌고
도두봉을 오른다

새 달력 걸어놓고
새로운 마음으로
무술년 첫 하루를 오르고 있다

눈 덮인 한라산을 바라보며
눈부신 햇살에 빛나는 도시를 내려다보며
이륙하는 비행기 따라
어딘가로 훌쩍 떠나보기도 하고
가족의 손을 잡고
비눗방울 같은 웃음 날리며
바다를 한눈에 담고

저마다의 생각으로

부푼 가슴 여미며
무언가를 다짐하며
힘차게 계단을
오른다

물허벅

학교건물 3층 복도 구석진 곳에 전시된
황토 빛 물허벅 만났다

홍시 같이 붉게 익어
달덩이 같은 몸에
나팔꽃 같은 입으로
그간의 내력 말하려 하네

어머니의 삶과 함께 생사고락을 같이 했던
생명의 젖줄 같은
그 많은 식구들 먹이고 입히고 씻기려고
어머니의 등짐으로
수없이 물을 길어 나르셨네

언니가 시집가던 날엔
물허벅이 장구되어
허벅 장단에 동네 삼촌들 어깨

들썩들썩 절로 흥을 돋우었다네

사돈님 부고 소식엔
제일 먼저 팥죽을 쒀 허벅에 담고
한걸음에 달려가셨네

저게,
우리를 키워주던
어머니 유품 같은 것이었네

메뚜기 한 마리

이건
뺑소니 사고다
(십일 호 자가용? 우직한 군함?)

산책길에 메뚜기 한 마리
쓰러져 있다

들판 건너
바다로 향하던
바다를 보고 들판으로 돌아가던
그의 마지막 행선지

마지막 만난 사람
그냥 무심히 지나쳐온 사람

한참 후

착한 사마리아인 생각이
자꾸
발목 잡는다

신발장

초록 문을 열면 평소 신는 신발보다
안 신는 신발이 더 많다
닭장 같은 좁은 신발장에서
겹겹이 구차한 시간 보내며
꿈을 잃어가고 있다
현관 공터에서 대기 중인 신발들은
그래도 신발장 입주자들이 부러워
그곳을 사모한다네

굽이 높아 못 신는 신발들
계절 따라 구색을 갖추었던
아직 버리기엔 아까운
곱고 팽팽한 젊은 날이 다양한 모습
끊어진 길 위에서 멈추어버린 발자국
방향 잃고 표류중이다

이제는 모양과 유행이 아니라

편해서 자꾸 발이 가는
낡고 초라하지만
남은 여정 이끌어줄
나의 준마
숲속 오솔길로 혹은
고비사막으로
함께 걸어가야 할

일상의 기적

햇빛을 사모하는 아침이 되면
지상으로 걸어 나온다
사랑에 굶주린 사람처럼
해바라기 하며
종종걸음 친다

햇빛을 보내고 나면
그리움이 밀려오는
어둠 속에서
하룻밤 묵는다

때론, 허물을 벗듯
기지개를 켜듯
낙심과 실패의 무덤에서
부활을 꿈꾼다

날마다

죽음을 예행 연습하듯
고요 속에 잠을 자다가도
햇볕을 사모하는 아침이 되면
해바라기 되어
지상으로 올라온다

조리사의 망사리

손이 닿을 것 같은 거리에서
비행기가 앉고 뜨는 것을 바라보며
도두포구 인근 식당에 들렸다
꽤 이름이 알려진 식당이라
관광객들이 번호표를 뽑고 기다리고 있다
애초 그 집을 겨냥해 왔지만
그 집 지나
건너, 건너편 쪽
한가한 식당으로 들어갔다
깔끔한 넓은 공간이 시원하리만치
손님이 없다
고무 옷 입은 해녀상은 식당 입구에 서서 손님맞이하고
천정에 매달린 해녀는 하루 종일
식당을 헤엄치고
벽에는 태왁과 망사리가 걸려 있다
조리실에서는 젊은 청년이 혼자 분주하다
나는 조리실을 향해 앉아

그의 손놀림을 쳐다보다
벽에 걸려있는 태왁과 빈 망사리를 쳐다보다
조리실은 바다가 되어 일렁거린다
깊은 바다에서 숨 참아가며
해녀들 해산물 캐듯이
이 무더운 여름날, 젊은 조리사는
꿈을 캐고 있다
부지런히 그의 구슬땀을
빈 망사리에 담고 있다

피난처

긴긴 동면의 무게를 뚫고
오롯이
고개 내민 복수초 같이

차디찬 슬픔의 밤 지나
가난의 무게 제치고
고개 내민 너의 꿈

태곳적 숨결 같은
고요 속에
나래 펴는 곳

빠르게 돌아가는 톱니바퀴 같은 일상
벗어놓고
거실의 강 건넌다
안방에서
작은 방으로

너의 피난처

형광등

그렇게 기세등등하여
집안 구석구석 대낮같이 밝히더니
목련 몇 번 피고지고
피고 질 때 형광등도 목련 따라
한쪽 날개 접었다

며칠 전 건너 방도 깜박깜박
누구 흉내 내다
유성처럼 사라졌다

유행에 민감한 안방 나비도
재미삼아 한쪽 눈 감아버렸다
계단에 뜨는 둥근 달도
치매에 걸린 듯
사람을 알아보지 못한다
모두 시원치 못한 주인 닮아간다

다시 목련이 필 때 까지
눈뜬 장님 되어 벽을 더듬듯
삶의 계단을 오르내려야 하리

제 3 부

벚꽃공인중개사무소 개업일이 궁금하다

'벚꽃공인중개사무소를 개업합니다.'
직사각형 현수막으로 출입문을 가리고 홍보전에 들어간 듯
현수막엔 언제 개업한다는 날짜도 없이 핸드폰 번호만
쓰여 있다

전농로 서사로 사거리는 한물 간지 오래다
유적 같은 고요 속에 잠자고 있는 상점들
조용한 거리에
벚꽃 같은 한 방의 특수를 노리듯
벚꽃공인중개사무소가
대박 꿈을 꾸고 있다

벚꽃에 불을 확 지피는 날
그 열기로 집집마다 보일러를 가동한다면
일 년 내내 벚꽃을 피워 올릴 수도
벚꽃 특수를 누릴 수도

궁금하다

벚꽃공인중개사무소 개업일이 궁금하다

벚꽃은 벌써
한잎 두잎 떨어지기 시작하는데
아직도 벚꽃공인중개사무소 출입문은 열리지 않았다
여전히 현수막만 걸려 있을 뿐
벚꽃공인중개사무소 개업일이 궁금하다

변산 바람꽃

산 비탈길에 간간이 내리는 눈
햇볕에 반짝이듯
절물 양지바른 둔덕에
바람 헤집고 고개 내민 하얀 별무리
마른 줄기 검불사이에 숨어
가녀리게 반짝인다

고개 숙이지 않으면
무릎 꿇지 않으면
무심코 밟고 지나칠 수도

그와의 첫 번째 조우
떨림으로 다가올 때 겸손하게
눈 속으로
마음속으로
팔랑거리며 날아온다

사람꽃 구경

축제 팡파르는 울려 퍼졌는데
벚꽃은 아직 춥다고 몸을 움츠리고
눈 질끈 감아버렸다
벚꽃 구경 온 사람들은 거리로 몰려오고
거리엔 벚꽃대신
사람꽃 피었다

아이들은 체험부스로
어른들은 먹자 천막으로
바람돌이감자 꼬치를 들거나
벚꽃머리띠를 사거나
사진을 찍거나
손에 손에 기다란 꼬치를 들고
너도나도 사람꽃 구경 한다

벚꽃은 수줍은 듯 억지 잠을 자고
전농로 거리엔
벚꽃대신 사람꽃이 피었다

사람들도 벚꽃 구경은 다 잊어버리고
사람꽃 구경에 빠졌다

벚꽃식당

벚꽃나무 향하여 식당 유리문이 활짝 열렸다
사람들이 부지런히 돼지고기를 굽고 뒤집는 사이
옥수수가 펑펑 터지듯
벚꽃이 만발하였다

평소 텔레비전 채널만 돌리던 벚꽃식당도
오늘은 빈자리가 없다
오랜만에 벚꽃식당 주인 얼굴도 벚꽃처럼
활짝 피었다

축제는 끝났지만
벚꽃 안주삼아
자꾸만 소주잔을 돌리며
불콰하게 벚꽃처럼 물들고 있다

벚꽃식당 축제는
지금부터다

입춘

깍깍깍깍! 깍깍깍깍!
아홉시를 향하는 조용한 일요일 아침
요란한 외침에
무슨 호외인가 싶어
후다닥 집 밖으로 나갔다
난데없는 까치들이 몰려왔다
솟대같이 높은 전봇대 위에서
한참을
고성방가하다
바람처럼 날아갔다
가끔, 까마귀들이 찾아오기는 하지만
까치 떼는 예외다
향나무 가지에 숨어있던
작은 새들이
찌르르 찌르르르
놀란 가슴을 쓸어내린다
목련 입술도
봉긋
부풀어 올랐다

봄비

봄비 사이로
버드나무 가지
머리 푼다

꼬물꼬물 버들치들
버드나무 가지에 떼 지어 몰려와
간지러운 봄비

긴 가지 끝에
온 몸으로 풀어내는
연두 빛 파스텔
봄비에 스며
들로 산으로 번진다

봄과 비 사이에
머물고 싶은 만큼
상큼하다

매화가지도

하,

입을 다물지 못한다

봄의 향연

매장 한쪽 야채코너 앞에 서면
어머니의 우영팟이 떠오른다
매일매일 냉장고문 여닫듯이 필요한 만큼
어머니 손 채워주던

소복이 눈 내린 이랑 사이에서도
꿋꿋하게 고개 내밀어
푸른 빛깔 탐하며
가난한 식탁을 풍성하게 채워주던

땅의 더운 혈맥에서 터져 나와
봄의 아우성 같은 풋풋함으로
겨우내 입안의 군내 몰아내던
푸른 잎사귀들의 아삭거림이여

겨울을 건너가는 눈송이
살포시 귀 열고 대지위로 내려앉으면
청진기에서 들려오는

봄의 노동가 같은 겨울을 밀어내는
춤사위가
너의 속살 더욱 눈부시게 하리라

산책

비 그친
상큼한 산책길에
토끼 두 마리

검은 염소 털을 가진
엄마토끼와
누런 송아지 털을 가진
아기토끼

피부색은 달라도
엄마 눈 닮은 아기토끼

풀숲에서 정답게
산책중이다

수선화 꽃다발

한파로 꽁꽁 얼었던 세상이
따스한 미소에 질척일 때
나에게 찾아온
수선화 꽃다발

안개꽃 사이에서 고개를 내민
가냘픈 얼굴에 노란 입술
동그란 너의 심장이
밤새 향기를 품어낸다

파란 줄기 사이에서
눈이 시리도록 슬픈 미소로
물안개 피어나는 강가로
나를 인도한다

선하게 손을 흔들며
안개 속에 서 있는
청아한 모습

평화를 노래하고 싶은

천사

여름비

연일 폭염이드니
드디어 하늘 문 열렸다

누가 여름비 아니랄까봐
성질 값 한다

봄비처럼 조잘조잘 내리거나
가을비처럼 낭만적이지도 못해

농부들 원성 귀 닫아 걸고
청개구리처럼 딴청만 피우더니

주체 못한 분노 소리치며
거칠게 쏟아진다

지구의 온난화로 감정조절도 마음대로 안 되는
여름비

우산 속 여인

등대를 등지고 걸어가는
우산 속 여인

외로운 그림자를 길게
늘어뜨리고
느릿느릿
모든 우수를 끌고 간다

스타카토로 떨어지는
빗방울의 속도를 무시한 채
무슨 생각에 골몰한 채
빗길을 걸어간다

귀가를 서두르던 나의 발걸음도
주춤
알 수 없는 우산 속 여인의 빗길 속으로
끌려간다
그림자처럼

하가리 연못

저녁 맞은 연꽃들
서둘러
꽃잎 오므리는 사이

햇살을 찌르던 매미소리도
시나브로
연잎 속으로 사그라지고
한낮의 밀어 온몸으로 감싸 안듯 지그시
눈 감을 때

하가리 연못 연꽃들
멱 감고 놀던 자리에 슬며시
야자수 나무 물구나무서고
꿈꾸던 가로등도 풍덩
물 위에 상현달로 떠오르고
고즈넉한 육각정도 하늘 딛고
집을 지었다

연꽃이 되고 싶은 풍경들
하나 둘
하가리 연못 위로
달뜬다

행운

산책길에 무더기로 자라난 클로버를 만났다
쪼그리고 앉아
네잎클로버를 찾았다
아무리 눈을 크게 뜨고
이리저리 꼼꼼하게 살펴도
세 잎,
세 잎 세 잎

행운은 바다건너 갔나?
너는 술래가 싫어졌다

고만고만한 무리 속에서
고만고만 살아가는 것이
행운이란 걸

수평선 너머를 가보지 않은
너는 모른다

암석

서부해안도로를 지나다가
바다를 마주 하면
형용할 수 없는 기이한 형태와
오밀조밀 한 너

괜히 아름다운 것이 아니다

변화무쌍한 파도의 연주에
말없이 꿈을 꾸는 너

괜히 아름다운 것이 아니다

그 옛날
뜨거운 용암 속에
너의 존재를 버렸을 때
말할 수 없는 인내의 아픔이
너의 상처가

괜히 아름다운 것이 아니다

그리운 몽돌 바다

오랜 시간 빌딩 숲 사이에서
일상에 갇혀 미로 헤매다
너를 호명하여
찾았다

멀리서부터 발길 재촉하는
물미역 냄새
언제나 반갑게 맞아주던
둥글둥글 모나지 않은 성격
포효하며 달려오는 너의 기상

자글자글
변함없는 다독거림에
허물어져 가는 빈농가 같은 쓸쓸한 가슴이
열리는 곳

바다의 속살 매끄러운 몽돌
그리운

알작지

제 4 부

물을 끓이며

새벽에 물 끓는 소리
정겹다
박하사탕 같은 싸한 아침 공기를 가르며
어딘가로, 그리운 곳을 향하여 떠나는
새벽을 달리는 기차소리처럼
부푼 가슴을 향하여 밀려오는 풍경처럼
어슴푸레 밝아오는 아침
따스한 손 내미는
물 끓는 소리
차가운 유리창에 수증기가 피어오르듯
누군가의 시린 마음을 녹여주며
따뜻하게 끓어오르고 싶다
한 잔의 차로
찻잔에 손을 녹이며
국화향이 스며오듯
아늑해 지는
오늘 하루
누군가를 위한 따뜻한 물을

끓이고 싶다

개 짖는 소리

어데서 개 짖는 소리 들린다
조용한 시골에 온 듯
사방으로 고요가 밀려온다

늦은 저녁에 손님이 찾아왔을까
지나가는 수상한 사람을 보았을까
달빛에 제 그림자를 보았을까

우리 집 앞 사거리 골목엔
집을 지키던 개대신
방범용 카메라가 스물네 시간 골목을 스켄한다

개 짖는 소리 사라지고
아련한 여운이
창호지 같은 가슴을 울린다

초롱 들고 자박자박
눈길 걸을 때

멀리서 들려오던
개 짖는 소리
고향에 두고 온 잊었던 크리스마스 추억
싸한 고요를 흔들며 들려오던
정겹고 아련한 소리

눈 위를 걷는다

뽀드득뽀드득
발이 과일을 먹을 때
입안에 침이 고여 온다
이가 시리다
상큼한 과일 길이 멀다
그 길은
아직, 아무도 걸어가지 않은
새하얀 도화지
설레는 발은 국화꽃을 찍는다
한 잎 한 잎
점점 빠르게 피어나
휘청,
허기가 몰려오듯
우작! 우작!
게걸스럽게 눈을 탐한다

하염없이

하염없이 눈이
내린다
하늘도, 길도
사라지고
새소리도 들리지 않는
마을은 온통 하얀 무덤
배경은 이미 사라졌다
발은 점점 그리움 속으로 빠져들고
나비 떼는 몰려오는데
자꾸만
자꾸만, 가슴으로 안기는데
가슴은 서럽게
차가워지는데
반딧불은 보이지 않고
그리움만 하염없이
내린다

눈 오는 날

너를 그토록 사모한 것은 그동안
드러나지 않은
부끄러움이 하도 많아
무화가 나뭇잎을 찾던 내안의 하와
너의 서늘한 필치 기다렸다네

먼데서부터 산수화로
마을로 내려와
자석 같은 끌림으로 눈 위를
걸을 때
날카로운 너의 키스에 움찔 놀랐네
나무들도 키득키득 웃음을 터트리네

사방으로 날아오는
허무한 꽃잎
눈부시게 빛나는
너의 외투로
하얗게 하얗게

세상의 모든 부끄러움
가리려 하네

미포철길

길 건너편 식당 앞에서는
신축건물 공사장 일꾼들이 이른 아침을 먹고
담배를 피우거나 커피 잔을 들고
싸한 아침 공기 입김으로 녹이며 몸 푸는 시간
나는 난생 처음 기찻길을 걸어본다
자잘한 돌멩이들 올망졸망 얌전하게 누워 있는
조용한 아침
이 길을 먼저 걸어간 이들을 생각 한다
일정한 간격을 유지하지 않으면 위험할 수 있는
마주보며 걸어가지 않고
앞을 향해 나란히 걸어가야 하는
한발
한발
따라가 본다
저기, 저 기찻길 옆 슬레이트집에서 나온 한 사람
강아지 한 마리 앞세우고 기지개를 하는 그곳 지나면
또 어떤 풍경이 다가올까
또 어떤 삶이 기다리고 있을까?

미래로, 계속 달려가야 할 가보지 않은 길
새로움에 대한 호기심 보다
되돌아가기엔 너무 먼 길을 온 것 같은 불안함
조식을 위해 기다리고 있을 새암 일행들을 생각하며
발길 돌리듯
우리 인생도 되돌아 갈 수 있다면

나의 인생은 지금 어느 지점까지 왔을까?

달맞이 길

달빛이 아닌 아침 해가 떠오르는
달맞이 길을 걸었다
간간이 서 있는 늙은 벚나무엔 물찬
꽃봉오리 몽실몽실
바람이 문지르는 오솔길엔
솔향기 그윽하다

눈 감으면
둥근 보름달 두둥실 떠오르고
늦은 저녁 먹은 아이들이
골목에서 하나 둘
올래 동산에 모여든다
대낮보다 더 밝은 달빛아래
술래잡기 하고 방칠락 하고
시간가는 줄 모르게 뛰어 놀던
순옥이, 영자, 영주, 옥선이……
재잘재잘 새소리와 함께 말을 걸어온다
나무 사이사이 그림자처럼 숨어 있던

솔방울 같은 친구들
친구야! 이름 부르며 튀어나올 것 같다

지금은 어데서
달빛에 젖어 어린 시절 추억하다
둥근달 하나 가슴에 품고
상큼한 아침을 열고 있는지

전시실 속 똥파리 한 마리

금정산 자락 오르막길 오르는데
담벼락에 새겨진
'사람답게 살아가라'
천둥 같은 말씀이 번개 같이 스칠 때
요산 문학관 정문이 보인다

문학관으로 들어서는 길
바닥에 새겨진 요산 선생님의 말씀
'사람답게 살아가라
비록 고통스러울 지라도
불의에 타협하든가
굴복해서는 안 된다!
그것은
사람이 갈 길이 아니다'

요산선생님의 말씀 새겨 밟을 수 있는 자만이
들어갈 수 있는 곳
차마 그냥 밟고 지나갈 수 없는

아직 사람답게 살아보지 못한
부끄러운 한 사람

부지런히 전시실 둘러보는 일행들 제치고
유리문 비집고 전시실 속 요산*선생님의 육필원고 옆에
슬그머니 들어가 누워 있다
똥파리 한 마리
세상을 향해 싹싹 비비던 손
오므리고

*요산: 김정한 선생님의 호

감천 문화마을*

달 그리워하는 사람들이 모여 사는
달동네
처마 밑이 길이고 길이 대문인
미로 같은 골목
집으로 향하는 길

피난민의 힘겨운 삶의 터전이었던
산자락
어두운 마을에 문화의 색깔 입히니
둥근 달이 떴다

가파른 계단도
팍팍한 삶도
달빛에 유순하여 지고
지붕 위 고양이도 실눈 뜨고
카메라 앞에 선다

마음에

어두운 비가 내리던 감천마을 사람들
문화와 어우러지니
감천마을에도 별이 떴다
미로 같은 삶도
희망이 보인다

*부산 피난민들이 살던 달동네

고분

어둠 속 멀리
찬란한 밍크 고래들이 줄지어 나타났다
빛을 뿜어내는 분수 같은 물줄기
천년의 아름다움을 뿜어내듯
산호초 같은 나무 가지 뿔을 달고
고립된 외딴 섬
신라 고분이 밀집 되어있는 사적지대
멀리서 바라보는 우리에게
가까이 오라고 손짓한다
죽음과 무덤과 역사를
생각하기보다
꽃이 지는 순간을 생각하기보다
꽃을 피우고 싶은 욕망이 더 자라
우리는 그저 멀리서
바라보기만 하였다
잠깐 스쳐 지나왔다

안압지의 밤

안압지의 밤은 화려하다
신라 천년의 향기 속으로 걸어 들어가듯
마음에 연등하나 들고
걸어간다
달빛은 스러지고
황홀한 불빛 사이에서 기러기가 되고 싶은 사람들은
연못을 서성이고
외로운 사람들은 외딴 나무 사이를 거닐며
사색에 잠길 때
세상을 향해 무언가 외치고 싶은 사람들이
대숲 사이에서 댓잎 소리에
귀 기울이는 밤
공주가 되어보기도 하고
시녀가 되어보기도 하며
모두 다 꿈을 꾸는 밤
일렁이는 불빛에 마음이 무르익어 갈 때
열시가 되면 자동 소등 된다는 안내방송이 흘러나온다
벌써 마법이 풀리는 시간이 되었다

아직, 왕자도 만나지 못하였는데
정원의 반을 남겨두고
유리 구두를 벗어놓고 서둘러 정원을 떠나야 한다
안압지의 화려한 밤이
어둠 속으로 사려지려 한다
온통,
마음을 흔들어 놓고

첨성대 앞에서 한 컷

하늘의 별들이 무수히
땅 위로 내려왔다
빛에 둘러싸인 사람들
별무리지어
첨성대 앞에서
시시각각 변하는 황홀한 불빛 속에서
우리는 누군가의 별이 되고 싶었다
하늘은 온통 회색빛
밤하늘의 별들은 이미 사라졌지만
당신은 나의 별
유행가 가사를 읊조리듯
영원한 추억을 위하여
찰칵!
너를 저장한다
하늘의 별이 되지 못한 사람들
저마다 카메라 앞에 서서
반짝이고 있다
먼 훗날 추억 속에

당신의 별로 남고 싶어
인증 샷을 남긴다
우리는 땅 위에서
서로의 별이 되어 추억을 떠올리며
내일을 살아가야 하리

청라언덕

아줌마들이 청라언덕을 오른다
봄의 교향악이 울려 퍼지는
동산
동무생각 노래를 흥얼거리며
개나리꽃 속에서
까르르 까르르
피아노 건반 두드리듯
도 레 미 파 솔
계단 따라 층층에 서서
단발머리 소녀 되어 손에 손 잡고
한발 한발 담쟁이들
푸른 동산을 오른다
젊은이들의 함성은 사라지고
평화로운 종탑이 하늘 높이 솟아 있는
파란 하늘
비상을 꿈꾸는 목련 위에
소녀의 꿈
살포시 얹어 놓는다

김광석 길

어린 시절 뛰놀던 뒷골목
그의 발자취 따라
걸어가네
햇볕도 외면하던 그늘진 곳
쓰레기가 날리고
하수가 흐르고
가난과 아픔이 얼룩지던 쓸쓸한
길 위에
김광석을 사랑하는 사람들이 모여
꽃을 피웠다
위로 받고 싶은 사람들에게
위로를 주는
사랑과 노래와 기타가 있는
골목풍경
그의 노래가 날개 되어
추억에 젖어보는 행복한 길
골목엔
노을 같은 사랑이 흐른다

코고는 소리

피곤한 저녁이면
깜깜한 숲속에 호랑이 한 마리
어슬렁 거려요
부스럭부스럭 나뭇잎 밟는 소리 들리고
집채만 한 호랑이 불쑥 나타나
으르렁 거려요

고단한 삶의 질곡을 넘어온
몸에서
작은 동굴에서 뿜어져 나오는 소리
세상을 향한
고독한 그의 외침

간이 콩알만 한 참새와
다람쥐에게는
등골이 서늘할 것 같지만
너무나 친숙하고 귀에 익어
숲속의 자장가 같아요

이 밤도
민화 속 호랑이 한 마리 나타나
옛날 얘기 밤새
들려줘요

거목

- 예술로 제주탐닉 귀덕화사에서 강요배선생님의 대담을 듣고

내가 만난 사람은
깡마른 체격에 눈이 큰 소년이다
그의 초롱초롱한 눈에는
그렁그렁 하천이 흐르고
무수한 별들이 반짝인다

마음에 하늘을 품고 사는
바람의 아들이다
휘몰아치는 광풍을
화폭 위에 쏟아 놓고
하늘을 닮아가는
노장의 철학자다

그림은 그의 마음에 거울이다
비우고,
비우고, 비우는 삶을 통해
새로움을 추구한다
남에게 보이기 위한 그림이 아니라

나를 울리는
나를 감동시키는 그림을 그린다

내가 만난 사람은
흥을 아는 진정한 자유인이다
막걸리 한잔에
덩실덩실 춤사위가 이어지고
절제된 몸짓 뒤로
삶의 파장이 따라온다
애기동백 가락에 흠뻑 취해
제주의 얼을 곡선으로 풀어낸다

배려와 겸손이 묻어나는
낮은 대지 위엔
담쟁이로 뒤덮인 오랜 역사의 흔적 같은
거대한 아트리에
한 그루 팽나무로
우뚝 서 있는
강요배 민중화가

| 작품해설 |

삶의 진실을 이루는 삶의 생동감

고 명 철 | 문학평론가, 광운대 교수

| 작품해설 |

삶의 진실을 이루는 삶의 생동감

-김순선 시집 『백비가 일어서는 날』

고 명 철 | 문학평론가, 광운대 교수

1. '백비'를 세우기 위한 4 · 3의 정명正名

에돌아갈 필요 없이, 김순선의 시집 제목을 보고 순간 멈칫하였다. 4 · 3의 역사를 조금이라도 알고 있는 사람이라면 '백비白碑'의 존재가 무엇을 가리키는지, 절로 몸과 마음이 숙연해질 수밖에 없다. 가뜩이나 올해는 4 · 3 70주년을 맞이하는 해로서 범국민 차원으로 4 · 3의 역사적 진실을 널리 확산할 뿐만 아니라 4 · 3의 완전한 해결을 위해 정부도 적극 나설 것을 대통령이 4 · 3의 영령 앞에서 힘주어 강조한 터라 김순선 시인의 시집 『백비가 일어서는 날』의 제목이 함의하는 시적 울림이

한층 명료하게 그리고 강렬하게 다가온다.

심연에 얼어붙은 기억들이 깨어나고
관덕정 광장에 울려 퍼지던
그날의 함성으로
누워 있던 백비들이
일어서리

— 「백비가 일어서는 날」 부분

4 · 3평화공원에 누워있는 '백비'를 세우기 위해 해결할 과제 중 가장 큰 것은 4 · 3에 대한 정명正名이다. 4 · 3의 역사적 진실은 결국 4 · 3에 대한 올바른 이름을 명명하는 것임을 우리는 너무나 잘 알고 있다. 그것은 "심연에 얼어붙은 기억들이 깨어나"는 것으로부터 겸손히 시작되어야 한다. 그래서 "관덕정 광장에 울려 퍼지던/그날의 함성" 속에서 솟구치던 제주 민중의 염원을 진솔히 만나야 한다. 그동안 "믿을 수 없는 이야기가/꽃으로 피어나는 섬"(「믿을 수 없는 이야기」)에서 "지울 수 없는 어두운 상처/노을 지는 슬픔 위로/까마귀들만/까악까악"(「돌아갈 수 없는」), 하는 저주받은 울음에 기댄 채 제주를 휘몰아친 4 · 3의 대참상을 환기시키는 것으로 자족할 게 아니라 4 · 3의 정명을 향한 고통스런 기억투쟁은 지속되어야 한다. 이와 관련하여, 다음의 시편에

서 우리가 탐구해야 할 4 · 3의 과제가 자꾸만 눈에 밟힌다.

부슬부슬 비 오는 그믐밤에
소년은 가파른 오름을 오른다
바람에 떠밀리듯
대숲 궤(바위굴)에서 신음하는 삼촌을 생각하며
두 손 불끈 쥐고
무엇에 홀린 듯
오름을 오른다

— 「봉홧불」 부분

옛날, 우리 집
통시로 가는 모퉁이에
분꽃나무 하나 있어
어둑한 저녁이면
가지가 미어지게 피어
통시길 훤하였다

(중략)

분꽃같이 어우러져
잘 사는 사람도 없고 못사는 사람도 없는
돌담 위로 음식 나누어 먹으며
척박한 땅이라도 함께 수눌며
다 같이 잘 살아보고 싶었던 삼촌들

— 「분꽃 같은 삼촌들」 부분

소년이 “무엇에 홀린 듯” “가파른 오름을” 오른 이유는 무엇일까. 시의 맥락으로 볼 때, 소년은 “대숲 궤(바위굴)에서 신음하는 삼촌을 생각하며/두 손 불끈 쥐고” 숨이 턱에 찬 채 오름을 올랐다. 삼촌과 소년 사이에는 이루 다 말할 수 없는 사연이 있을 것이다. 그런데 중요한 사실은 소년이 오름을 오르는 이유는 봉홧불을 지피기 위해서이며, 봉홧불은 오름마다 타올라 삼촌들이 맞서 싸우는 역사적 소명을 제주의 민중에게 알린다. 말하자면, 이 봉홧불은 제주 공동체의 절멸에 대한 정당한 역사적 항거이면서 제주 공동체가 아름답게 지켜온 제주의 생활감각과 정치윤리가 훼손당하는 것을 용납할 수 없는 투쟁의 표현이다. 「분꽃 같은 삼촌들」에서 시인은 주목한다. 통시길을 훤하게 비춰주는 분꽃의 무리에서, 시인은 “잘사는 사람도 없고 못사는 사람도 없는/돌담위로 음식 나누어 먹으며/척박한 땅이라도 함께 수눌며/다 같이 잘 살아보고 싶었던 삼촌들”의 일상으로부터 오랫동안 제주 공동체를 평화롭게 지탱해온 생활감각과 정치윤리를 상기한다. 이러한 삼촌들이 어찌된 영문인지 제 집과 마을을 떠나, 제주 공동체의 평화로운 삶과 유리된 채 제주의 평화로운 일상을 위협하는 세력들에 맞서 투쟁하고 있는 것이다. 삼촌들의 이 같은 모습은 4 · 3의 정명을 위해 가볍게 넘겨볼 수 없는 것으로, 4·3무장대에 대한 문학적 탐구를 하는 데 새로운 성찰의 길로 우리를 안내한다. 4·3의 정명은 관념과 추상을 넘은 제주 민중과 제주 공동체의 삶의 현실로부터 겸허히 시작되어야 한다는 것은 아무리 강조해도 지나치지 않기 때문이다.

이와 함께 시인이 주목하고 있는 4·3의 또 다른 역사적 풍경을 살펴보자.

> 바람 앞에 촛불
> 신촌리 사람들은 다 폭도다!
> 기관총 앞에서 사시나무 떨 듯
> 한마디 변명도 꿀꺽 삼켜버린
> 초긴장 속에서
>
> 두 팔 벌려
> 기관총 앞에 딱 막아선 육지사람
> 나부터 죽여 놓고 이 사람들 죽이게
> 총을 든 순경들도 무장대에게 대항 못했는데
> 어찌 집에서 잠자던 주민들이 그 사람들을 대항할 수 있겠는가
> 통 사정하는
> 서북청년으로 왔다가 순경이 된
> 지미둥이 순경
>
> —「한 알의 밀알」 부분

4·3의 진실을 탐구하는 과정에서, 이 장면 또한 엄연

히 외면할 수 없는 역사의 한 풍경이다. 물론, 국가권력을 참칭하여 맹목적 반공주의로 무장된 서북청년단이 제주 공동체를 파괴하고 유린했던 것은 도저히 용서할 수 없는 역사의 범죄다. 그런데, 시인은 이 같은 서북청년단의 만행을 재현하지 않고 신촌리 사람들을 살린 '지미둥이 순경' 의 선행을 드러낸다. 물론, 이 '지미둥이 순경' 의 선행이 서북청년단의 폭력과 언어절言語絶의 악행 자체에 조금이라도 면죄부를 줄 수는 없다. 그럼에도 불구하고 '지미둥이 순경' 과 같은 서북청년단의 선행 자체를 시인이 주목한 이유는 무엇일까. 서북청년단 안에도 예외적으로 선한 존재들이 있다는 것을 보여주고 싶었을까. 그보다 시인이 주목하고 싶은 것은 지극히 상식적인 입장에서 "죽을 각오로 목숨을 내려놓을 때/ 한 알 밀알" 로서 절체절명의 순간에 놓인 신촌리 사람들을 살려낸 '지미둥이 순경' 의 생명을 향한 숭고한 용기가 아닐까. '지미둥이 순경' 의 상식적 판단에서는, 잠을 자고 있는 무고한 양민들이 무장대에 저항하는 일은 결코 쉽지 않다. 하물며 "총을 든 순경들도 무장대에게 대항 못" 하지 않았는가 말이다. 따라서 이것 또한 4·3의 정명을 향한 도정에서 우리가 고민해야 할 과제가 아닐 수 없다. 기존 무장대와 토벌대 사이의 대립과 갈등의 정치적 구도 속에서 4·3의 진실을 추구하는 것만으로는 자칫 간과할 수 있는, 가령 '지미둥이 순경' 과 신촌리 사람들 사이에 있던 삶의 진실을 새롭게 주목할 필요가 있다.

2. '삶의 진실' 과 시인의 품성

이렇듯이 4·3을 노래한 김순선 시인의 시편들을 곰곰 음미하고 있노라면, 새삼 '삶의 진실' 처럼 소중하고 긴요한 시적 주제가 달리 있을까. 결국 4·3의 정명도 '삶의 진실' 을 넘어설 수 없다면, '삶의 진실' 을 소박하면서도 집요하게 탐문하는 것만큼 새롭게 정진해야 할 시작詩作도 없을 터이다. 그래서일까. 「물허벅」을 음미해보자.

어머니의 삶과 함께 생사고락을 같이 했던
생명의 젖줄 같은
그 많은 식구들 먹이고 입히고 씻기려고
어머니의 등짐으로
수없이 물을 길어 나르셨네

언니가 시집가던 날엔
물허벅이 장구되어
허벅 장단에 동네 삼촌들 어깨
들썩들썩 절로 흥을 돋우었다네

사돈님 부고 소식엔

제일 먼저 팥죽을 쒀 허벅에 담고
한걸음에 달려가셨네

—「물허벅」 부분

제주 공동체의 삶과 분리할 수 없는 물허벅은 시에서 노래되고 있듯, "어머니의 삶과 함께 생사고락을 같이 했던/생명의 젖줄"이다. 가족의 삶을 위해 어머니는 십중팔구 먼 거리도 마다하지 않고 물허벅을 등에 지고 "수없이 물을 길어 나르셨"다. 물을 길어 나르실 때마다 어머니의 허리는 세월의 흐름 속에서 삶의 신산고초를 견디며 점점 굽어졌을 것이고, 물허벅에 가득 찬 물을 길어 나르면서 가족의 행복을 기원했으리라. 이런 물허벅은 가족의 생존에만 쓰임새 있는 효용가치로서 기능을 하는 것뿐만 아니라 때로는 생활 악기로서 손색이 없는 기능을 맡기도 하고, 때로는 삶과 이별하는 자리에 걸맞는 용기로서 기능을 맡기도 한다. 전자의 경우 위 시에서 재현되고 있듯, 언니의 혼례를 치르는 날 물허벅은 타악기 장구로 변신하여 "허벅 장단에 동네 삼촌들 어깨/들썩들썩 절로 흥을 돋우"는 노릇을 한다. 훌륭한 타악기가 아닐 수 없다. 제주 공동체의 삶의 리듬은 물허벅 장단이 절로 자아내는 제주 민중의 저 깊은 곳에 자리하고 있는 흥을 끄집어내고 동네 삼촌들은 물허벅 장단이 순간 만들어놓는 축제의 놀이 한바탕에 온몸을 맡긴다. 이 순간, 혼례의 형식을 빈 놀이 한바탕에서 제주 민중의 삶의 고통은 사라진다. 그런가 하면, "사돈님 부고 소식"을 받자 어머니는 "제일 먼저 팥죽을 쒀 허벅에 담고" 문상길을 재촉한다. 생의 감각을 북돋우는 데 삶의 악기로서 기능을 맡은 물허벅은 한 생명의 소멸을 맞이한 순간 언제 그랬냐는 듯, 문상을 위한 운반 도구로서 그 역할이 바뀐다. 말하자면, 삶의 기능에서 죽음의 기능으로 변환한 셈이다. 이것이야말로 시인이 전해주고 싶은 물허벅의 내력이며, 기실 이것은 특정한 개별 사례가 아니라 제주 공동체의 '삶의 진실'과 깊숙이 연루된 제주의 삶의 내력이다.

시인이 웅숭깊게 이해하고 있는 제주의 삶의 내력은 자연스레 제주가 지닌 아름다움의 진경으로 우리를 안내한다.

> 하가리 연못 연꽃들
> 멱 감고 놀던 자리에 슬며시
> 야자수나무 물구나무서고
> 꿈꾸던 가로등도 풍덩
> 물 위에 상현달로 떠오르고
> 고즈넉한 육각정도 하늘 딛고
> 집을 지었다
>
> 연꽃이 되고 싶은 풍경들
> 하나 둘

하가리 연못 위로
달뜬다

—「하가리 연못」 부분

멀리서부터 발길 재촉하는
물미역 냄새
언제나 반갑게 맞아주던
둥글둥글 모나지 않은 성격
포효하며 달려오는 너의 기상

자글자글
변함없는 다독거림에
허물어져 가는 빈농가 같은 쓸쓸한 가슴이
열리는 곳

바다의 속살 매끄러운 몽돌
그리운
알작지

—「그리운 몽돌 바다」 부분

「하가리 연못」은 제주 애월 중산간 마을에 있는 연못을 대상으로 한 것이고, 「그리운 몽돌 바다」는 제주시 내도동 주변에 산재한 몽돌해안가, 속칭 알작지왓을 대상으로 씌어진 시편이다. 시인은 제주의 아름다운 진경을 드러내기 위해 중산간 마을의 연못과 바닷가의 몽돌

해안가를 포착한다. 중산간 하가리 마을 연못 안에는 야자수나무, 가로등, 상현달, 육각정 등이 한데 어우러져 "연꽃이 되고 싶은 풍경들"을 연출한다. 연못의 으뜸이 연꽃이라는 것을 아는 듯, 연못 주변에서 연꽃의 들러리로서 존재하던 것들이 밤이 되자 연꽃의 자리를 탐낸다. 이 모든 모습들에 하나하나 담담히 애정어린 시선을 두고 있는 시인의 아름다움을 향한 자연스러운 태도가 잔잔히 번져온다. 대상을 향한 시인의 시적 태도는 이렇게 아주 자연스레 소박하게 다가온다. 이러한 시적 태도는 알작지를 사랑하는 시인의 미의식과 이것의 안팎을 이루는 시인의 품성을 짐작하도록 한다. 알작지에 놓여 있는 크고 작은 몽돌들이 갖고 있는 "둥글둥글 모나지 않은 성격" 그렇지만 물러터진 게 아니라 "포효하며 달려오는 너의 기상"을 두루 겸비하고 있는 몽돌은, 감히 말하건대 김순선 시인과 동일성을 갖는다고 볼 수 있다. 왜냐하면 이러한 몽돌 해안가를 시인이 미치도록 좋아하는 데에는, "자글자글/변함없는 다독거림에/허물어져가는 빈농가 같은 쓸쓸한 가슴이/열리는 곳"이 바로 이곳 알작지왓이기 때문이다. 시인은 알작지에서 몽돌이 건네는 그 온몸의 대화를 들으며, 몽돌이 혹시 건네고 있을지 모르는 '삶의 진실'을 겸허히 수용한다.

고만고만한 무리 속에서

고만고만 살아가는 것이
행운이란 걸

—「행운」 부분

"고만고만 살아가는 것", 결코 만만한 일이 아니다. 더욱이 "고만고만한 무리 속에서" 사는 것도 결단코 쉽지 않다. 삶의 욕망을 모두 내려놓은 것, 자포자기이면 모를까, 아니면, 시쳇말로 도인처럼 삶의 욕망을 초월하면 모를까. 지극히 평범한 사람이 삶의 욕망을 제껴놓은 채 "고만고만" 삶을 사는 것처럼 어려운 일도 없을 것이다. 분명한 사실은, 앞서 제주의 미의식을 새롭게 발견하고 그것 속에서 시인의 품성과 연관된 '삶의 진실'을 탐문하고 있듯, 시인이 '고만고만 살고 싶은 것'은 삶의 욕망에 대한 자포자기도 아니고, 삶의 욕망을 초월한 것도 아닌, 적절한 만큼의 삶의 욕망에 만족하는 삶을 살겠다는 시인의 '삶철학'에 대한 간결한 시적 표현이다. 여기에는 시인이 득의한 '삶의 진실'이 오롯이 녹아 있다. 즉 삶이란 부산스레 호들갑을 떨었다고 살아있다는 것을 증명하는 게 아니라 '있는 그대로'가 함의한 삶의 내밀한 충일감이 곧 '삶의 진실'을 이루는 바탕이다. 그래서 가령,

축제는 끝났지만

벚꽃 안주삼아
자꾸만 소주잔을 돌리며
불콰하게 벚꽃처럼 물들고 있다

벚꽃식당 축제는
지금부터다

—「벚꽃식당」 부분

에서처럼 화려한 벚꽃축제는 끝났지만, 또 다른 "벚꽃식당 축제는/지금부터"라는, 시적 인식의 전회가 생긴다. '벚꽃축제'가 끝나고 '벚꽃식당 축제'가 시작되었다는 시적 인식의 전회는 시인의 '삶철학'을 말해준다. '벚꽃축제'가 펼쳐지는 동안 벚꽃식당은 축제를 즐기는 상춘객들의 놀이 마당이었다. 왁자지껄한 상춘객들의 한바탕 축제가 끝난 후 고요가 찾아든 벚꽃식당은 지금부터 또 다른 축제의 한바탕을 연출한다. 상춘객이 빠져나간 그 텅 빈 공허한 식당 안은 아직 남아 있는 축제의 기운으로 식당 안 축제의 에너지를 소멸시킨다. 상춘객이 없다고 축제가 종결된 것이 아니기 때문이다. 상춘객이 떠나간 벚꽃식당 안은 상춘객의 축제 한바탕으로 뿜어낸 축제의 생생한 삶의 생동감으로 또 다른 축제가 펼쳐진다.

3. 삶의 생동감과 시적 정동情動

여기서, 김순선 시인의 이번 시집을 통독하면서 '삶의 생동감' 은 곳곳에서 번뜩인다. 이것 역시 '삶의 진실' 을 탐구하는 도정에서 눈여겨 보아야 할 시인의 시적 정동情動이다.

> 눈 감으면
> 둥근 보름달 두둥실 떠오르고
> 늦은 저녁 먹은 아이들이
> 골목에서 하나 둘
> 올래 동산에 모여든다
> 대낮보다 더 밝은 달빛아래
> 술래잡기 하고 방칠락 하고
> 시간가는 줄 모르게 뛰어 놀던
> 순옥이, 영자, 영주, 옥선이……
> 재잘재잘 새소리와 함께 말을 걸어온다
> 나무 사이사이 그림자처럼 숨어 있던
> 솔방울 같은 친구들
> 친구야! 이름 부르며 튀어나올 것 같다
>
> —「달맞이 길」 부분

유년 시절처럼 삶의 생동감을 생생히 간직한 시절이 있을까. 이것은 시인의 유년 시절을 향한 노스탤지어 감정의 표백으로만 읽히지 않는다. 이 시를 접하면서, 문득 우리들 유년 시절의 아름다운 풍경들이 파노라마로 스쳐지나간다. 지금 그때, 그곳을 뛰놀던 "순옥이, 영자, 영주, 옥선이……"처럼 우리의 유년 시절 친구들은 무엇을 하고 있을까. "술래잡기 하고 방칠락 하고/시간가는 줄 모르게 뛰어 놀던" "솔방울 같은 친구들"의 애꿎은 모습이 눈에 선하다. 어쩌면, 우리들은 유년 시절의 이토록 아름다운 기억들을 현실의 차가운 일들에 애오라지 망실하고 있는 것은 아닐까. 지금, 이곳에 충실한 삶을 살아야 한다는 명분을 자기합리화하면서, 우리의 영혼을 키워낸 유년 시절의 소중한 그 무엇을 한갓 과거의 쓰잘데없는 기억의 풍경으로만 여기는 것은 아닐까. 그래서, 아무리 현실이 "외출도, 가출도 아닌/버려진 존재"(「버려진 인형」)들 투성이로 우리의 미래가 암울하게 전개될지 모르더라도, 우리의 삶을 추스를 수 있는 원동력으로서 유년 시절의 삶의 생동감을 쉽게 폐기처분해서 곤란하다.

물론, 그렇다고 김순선 시인이 유년 시절의 삶의 생동감에만 편중된 것은 아니다. 그는 제주에서 활동하고 있는 강요배 화가로부터 예술과 삶의 생동감을 새롭게 발견한다. 예술과 삶의 홍취를 만끽하면서 자유를 구가하되, 이 모든 것의 바탕을 이루고 있는 그의 예술적 품격은 방종과 거리가 멀다. 모든 구속에서 자유롭게 풀려나무한 자유를 추구하되, 그것은 시인에게 자기를 무작정 해체시켜버리는 탈자아脫自我가 아니라 제주의 자연에 겸손히 대하면서 모든 대상을 배려하는 도정에서 참자아를 절로 만나고 싶어하는 예술가로서 다가온다. 물론, 강요배 화가로부터 시인은 소년의 정동情動을 눈여겨 본다. 민중 화가로서 거목인 그로부터 시인은 소년의 눈을 훔쳐본 것이다. 그렇다면, 조심스레 추정해볼 수 있으리라. 김순선 시인이 추구하는 '삶의 진실'과 그것을 이루는 '삶의 생동감'은, 그가 존경하고 있는 강요배 화가의 그것을 감히 넘어서고 싶은 시적 욕망이 작동하고 있는 것은 아닐까. 기대해봄직하다. 김순선 시인의 다음 시집이 무척 기대된다.

> 내가 만난 사람은
> 흥을 아는 진정한 자유인이다
> 막걸리 한잔에
> 덩실덩실 춤사위가 이어지고
> 절제된 몸짓 뒤로
> 삶의 파장이 따라온다
> 애기동백 가락에 흠뻑 취해
> 제주의 얼을 곡선으로 풀어낸다
>
> —「거목」 부분